BEI GRIN MACHT SICH IHR WISSEN BEZAHLT

- Wir veröffentlichen Ihre Hausarbeit, Bachelor- und Masterarbeit

- Ihr eigenes eBook und Buch - weltweit in allen wichtigen Shops

- Verdienen Sie an jedem Verkauf

Jetzt bei www.GRIN.com hochladen und kostenlos publizieren

Bibliografische Information der Deutschen Nationalbibliothek:

Die Deutsche Bibliothek verzeichnet diese Publikation in der Deutschen National-
bibliografie; detaillierte bibliografische Daten sind im Internet über http://dnb.d-
nb.de/ abrufbar.

Impressum:

Copyright © 2015 GRIN Verlag, Open Publishing GmbH
Druck und Bindung: Books on Demand GmbH, Norderstedt Germany
ISBN: 978-3-668-15811-5

Dieses Buch bei GRIN:

http://www.grin.com/de/e-book/316525/green-it-chancen-und-herausforderungen-
zur-energieeinsparung-in-rechenzentren

Suher Ghoniem

Green-IT. Chancen und Herausforderungen zur Energieeinsparung in Rechenzentren

GRIN Verlag

GRIN - Your knowledge has value

Der GRIN Verlag publiziert seit 1998 wissenschaftliche Arbeiten von Studenten, Hochschullehrern und anderen Akademikern als eBook und gedrucktes Buch. Die Verlagswebsite www.grin.com ist die ideale Plattform zur Veröffentlichung von Hausarbeiten, Abschlussarbeiten, wissenschaftlichen Aufsätzen, Dissertationen und Fachbüchern.

Besuchen Sie uns im Internet:

http://www.grin.com/

http://www.facebook.com/grincom

http://www.twitter.com/grin_com

Green-IT – Chancen und Herausforderungen zur Energieeinsparung in Rechenzentren

Lektor7

Inhaltsverzeichnis

ABBILDUNGSVERZEICHNIS

ABKÜRZUNGSVERZEICHNIS

BMWi	Bundesministerium für Wirtschaft und Technologie
CSR	Corporate Social Responsibility
GWh	Gigawattstunde
IKT	Informations- und Kommunikationstechnologie
ISI	Frauenhofer-Institut für System- und Innovationsforschung
IZM	Frauenhofer-Institut für Zuverlässigkeit und Mikrointegration
OECD	Organization for Economic Co-operation and Development
TWh	Terrawattstunde
USA	United States of America
USV	Unterbrechungsfreie Stromversorgung
VM	Virtuelle Maschine
WWF	World Wildlife Fund

1 EINLEITUNG

Der Klimawandel wird aufgrund des weltweiten Temperaturanstiegs für die Zukunft prognostiziert. Um diesem Temperaturanstieg entgegenzuwirken müssen die globalen CO_2-Emissionen verringert werden. Mit einem Anteil von 2 % erzeugt die IT (Informationstechnik)-Branche global genauso viele Emissionen wie die Luftfahrt, wobei der Trend nach oben geht.

IT-Produkte befinden sich heute in allen Bereichen des täglichen Lebens und haben sich in den letzten Jahren stark entwickelt. Dies führt allerdings zu einem Anstieg des Energiebedarfs. Hier kommt Green-IT zum Einsatz, welches das Ziel hat, die Verwendung von IKT (Informations- und Kommunikationstechnologie) energieeffizient und ressourcenschonend, über dessen gesamten Lebenszyklus, auszurichten. Die größten Stromverbräucher im IT-Bereich, und maßgebend für die CO_2-Emissionen, sind Rechenzentren. Der hohe Energieverbrauch führt bereits heute zu hohen Kosten und wird in den kommenden Jahren weiter steigen. Durch den Einsatz von Green-IT-Maßnahmen lassen sich in Rechenzentren Energieeinsparungen und damit auch Kostenersparnisse erzielen.[1]

Oek

---

[1] Vgl. (AG, 2010), S. 4

2 DEFINITION UND BEDEUTUNG VON GREEN-IT

Die IT-Industrie trägt seit mehreren Jahren unter dem Begriff Green-IT zu einem Umwelt- und Ressourcenschutz bei.[2] Um darzulegen, was Green-IT beinhaltet, wird dieser Begriff im Folgenden näher definiert. Im weiteren Verlauf wird auf die ökologische und ökonomische Bedeutung von Green-IT eingegangen und anschließend Initiativen der Bundesregierung vorgestellt.

2.1 DEFINITION VON GREEN-IT

Der klassische Gedanke von Green-IT ist die „ressourcenschonende Verwendung von Energie und Einsatzmaterialen in der IKT über den gesamten Lebenszyklus". Dies bedeutet, dass bei der Entwicklung als auch bei der Entsorgung bzw. bei der Wiederverwertung ein umweltschonender Umgang erfolgt.[3] Im Weiteren Sinn kann der Begriff Green-IT in die zwei Bereiche „Green in der IT" und „Green durch die IT" unterschieden werden. Hierzu liefert die OECD (Organization for Economic Co-operation and Development) eine Beschreibung, die sich in drei Ebenen aufteilt, wobei die ersten beiden Ebenen die Green-IT direkt betreffen (siehe Abbildung 1).

2.1.1 Green in der IT

Der innere Kern beinhaltet die unmittelbaren Auswirkungen und umfasst alle ressourcenschonenden Umsetzungen in der IT. Hier kommt der klassische Gedanke von Green-IT zum Tragen. Es werden bspw. Komponenten genutzt, die Energiesparend sind oder Wiederverwendet werden können.

2.1.2 Green durch die IT

Der mittlere Kreis umfasst alle umweltschonenden Effekte, die durch die Nutzung von IT ermöglicht werden. Dabei handelt es sich um Auswirkungen im ökonomischen und sozialen Bereich. Zum Beispiel kann durch intelligente Heiz- und Licht-Systeme der Energieverbrauch in Gebäuden gesenkt werden. Ein weiteres Beispiel ist, dass durch effiziente Drucker der Papierverbrauch reduziert werden kann.

---

[2] Vgl. (Zarnekow, et al., 2013), S. 3
[3] Vgl. (Lackes, et al.)

Die OECD beschreibt noch eine dritte Ebene, die Systemauswirkungen. Durch die Nutzung von IKT erfolgen Verhaltensänderungen und andere nicht-technische Auswirkungen. Ein Beispiel für die Verhaltensänderung von Konsumenten ist die Entwicklung von Desktop-Computer über Laptops hin zu Netbooks. Ein weiterer Einfluss auf die Verhaltensänderung durch Nutzung von IT, ist die Nutzung digitaler Musik und die Kommunikation per Email.[4]

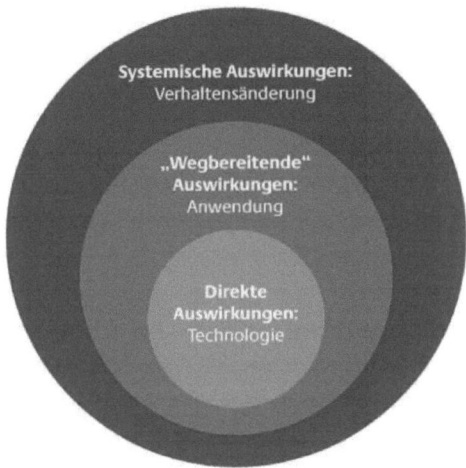

Quelle: (BMWi, 2015a)

Abbildung 1: Ebenen der Green-IT

Da die Verhaltensänderung sich durch die Nutzung von IT ergibt, überschneiden sich der mittlere sowie der äußere Kreis und dies zeigt, dass es für die Definition von Green-IT grundsätzlich nur zwei Sichtweisen gibt. Zum einen die IT als Gegenstand, das zum Umweltschutz beiträgt. Zum anderen der Einsatz von IT, um die Umweltbelastungen zu senken.[5]

---

[4] Vgl. (OECD, 2010), S. 8 ff.
[5] Vgl. (Zarnekow, et al., 2013), S. 3 f.

2.2 BEDEUTUNG VON GREEN-IT UND INITIATIVEN

Der Begriff Green-IT ist in den letzten Jahren zu einem Modewort geworden. Allerdings wurden ressourcenschonende Maßnahmen in der IT auch bereits in der Vergangenheit durchgeführt. Green-IT kann daher von der allgemeinen Entwicklung zur Nachhaltigkeit nicht komplett getrennt werden. So hat sich das Bewusstsein in der Gesellschaft für Nachhaltigkeit und zur Vermeidung von negativen Umwelteinflüssen durch den Menschen, auf das IT-Umfeld ausgeweitet.[6] Nachfolgend wird die Bedeutung für die Umwelt und für Unternehmen aufgezeigt. Anschließend erfolgt ein Einblick in vorhandene Initiativen für Green-IT.

2.2.1 Ökologische und Ökonomische Bedeutung

Ein Grund für das große Interesse an Green-IT Maßnahmen ist der Klimawandel. Die weltweite erwartete Klimaerwärmung wird durch den global steigenden Ausstoß von CO_2-Emissionen und anderen umweltschädlichen Gasen gefördert. Beeinflusst wird das weltweite Ökosystem durch den Mensch, der Raubbau an den noch verfügbaren Ressourcen betreibt. Die erwartende Klimaerwärmung und dessen Auswirkungen haben das Interesse der Öffentlichkeit geweckt und klimarelevante Fragestellungen werden wahrgenommen. Eine Analyse durch Simon Mingay vom Institute Gartner hat ergeben, dass die weltweite IT-Infrastruktur ca. 2 % des gesamten Kohlenstoffdioxid-Ausstoßes ausmacht. Ein Vergleich mit der Luftfahrt, dessen CO_2-Ausstoß weltweit ebenfalls bei ca. 2 % liegt und zu dem Umweltsünder gehört, zeigt, dass auch die IT einen gewaltigen Einfluss auf die Umwelt hat. Viele Hersteller von IT-Produkten haben daher dieses Thema in ihre Produkt- und CSR-Strategien (Corporate Social Responsibility) mit aufgenommen.[7] Allerdings bestehen für Unternehmen weitere Vorteile hinsichtlich der Energieeinsparung, vor allem wenn die IT in den Unternehmensbereichen wie Produktion und Dienstleistungen eingesetzt wird. Laut Dennis Pamlin vom WWF (World Wildlife Fund) kann die Verbesserung der Geschäftsprozesse durch den Einsatz von IT eine rund zehnmal höhere Energieeinsparung erzielt werden. So können z.B. Flugreisen, die daraus entstehenden Kosten und Emissionen entfallen, wenn international tätige Unternehmen stattdessen Videokonferenzen nutzen.

---

[6] Vgl. (Zarnekow, et al., 2013), S. 16
[7] Vgl. (Greiner, 2010), S. 9 f.

Der ökologische und ökonomische Ansatz schließen sich gegenseitig nicht aus, denn Unternehmen können zum einen ihre Geschäftsprozesse durch den Einsatz von IT verbessern und dadurch die Umwelt schützen, zum anderen kann die IT im Unternehmen, hinsichtlich ihrer Energie- und Umweltbilanz, verbessert werden. Der unmittelbare Nutzen aus der Reduzierung des Energieverbrauchs ist gleichzeitig eine Reduzierung der Kosten. Damit die IT-Abteilungen sich für die Energie- und damit auch der Kosten-Ersparnis interessieren, sollten die Entscheidungsträger im Unternehmen den Kostendruck an die IT-Abteilungen weiterreichen.[8]

2.2.2 Green-IT Initiativen

Um die Potenziale der Umweltentlastung weiter zu erschließen, hat die Bundesregierung in den letzten Jahren mehrere Initiativen gestartet. Hierzu gehören z.b. Förderprogramme des Bundeswirtschaftsministerium mit Namen „IT2Green" und „E-Energy" sowie das Umweltinnovationsprogramm „IT goes green" vom Bundesumweltministerium und Umweltbundesamt.[9] Das „IT2Green" bspw. ist ein Technologieprogramm, welches innovative Modellversuche zur Senkung des Energiebedarfs von IKT fördert.[10] Ein weiteres Programm ist das „Leistungselektronik zur Energieeffizienz-Steigerung" im dem Förderprogramm „IKT2020", welches vom Bundesforschungsministerium aufgestellt wurde.

Neben diesen Förderprogrammen hat die Bundesregierung im Jahr 2008 auf dem dritten Nationalen IT-Gipfel einen Aktionsplan, dem sog. „Green IT-Pionier Deutschland", vorgestellt. Dieser legt die einzelnen Programme zusammen und verpflichtet die Bundesregierung zur Senkung des Energieverbrauchs in der IT-Nutzung. Hierbei sollen bis 2013 um 40 % im Vergleich zu dem Jahr vor 2009 mit dem höchsten Energieverbrauch eingespart werden.[11] Bereits ein Jahr nach Vorstellung des Aktionsplans zeigte ein Fortschrittsbericht, dass alle in dem Jahr 2008 aufgestellten Initiativen und Maßnahmen im Jahr 2009 gestartet wurden. Zusätzlich wurden neue Studien aufgestellt und die Bundesregierung trat in einen Dialog mit Kommunen, Bundesländern und in-

---

[8] Vgl. (Greiner, 2010), S. 15 f.
[9] Vgl. (BMWi, 2010)
[10] Vgl. (BMWi, 2015b)
[11] Vgl. (BMWi, 2010)

ternationalen Bewegungen.[12] Der Aktionsplan hat sich in den vergangenen Jahren als großer Erfolg erwiesen. So wurden bis zum Ende des Jahres 2013 bereits 48 % des Energieverbrauchs im Bereich IT reduziert. Ein bedeutender Beitrag zur Energieeinsparung wurde hierbei durch die energieeffiziente Umstrukturierung des Rechenzentrums des Bundesumweltministeriums geschaffen.[13]

3 ENERGIEEINSPARPOTENZIALE UND –MAßNAHMEN IN RECHENZENTREN

Wie bereits erwähnt verbraucht die weltweite IT-Infrastruktur genauso viel Energie wie die Luftfahrt. Mit Zunahme der digitalen Daten und Kommunikation nimmt auch die Relevanz von IKT in der Wirtschaft und in der Gesellschaft immer weiter zu.[14] Hier sollen daher Möglichkeiten und dessen Herausforderungen zur Energieeinsparung in Rechenzentren aufgezeigt werden.

3.1 ENERGIEVERBRAUCH IN DEUTSCHLAND UND IN RECHENZENTREN

In diesem Kapitel soll der Stromverbrauch der IKT in Deutschland dargestellt werden. Anschließend erfolgt eine Betrachtung des Strombedarfs in Rechenzentren mit möglichen Einsparpotenzialen und einer Komponentendarstellung.

3.1.1 Energieverbrauch der IKT in Deutschland

In einer Studie des IZM (Frauenhofer-Institut für Zuverlässigkeit und Mikrointegration) und ISI (Frauenhofer-Institut für System- und Innovationsforschung), welches durch das BMWi (Bundesministerium für Wirtschaft und Technologie) beauftragt wurde, wurde der Energiebedarf der IKT bis 2020 prognostiziert.[15] Als Referenzjahr für die Prognose wurde das Jahr 2007 herangezogen. In diesem Jahr lag der Stromverbrauch für die IKT bei ca. 55 TWh, was etwa 10 % des Gesamt-Stromverbrauchs in Deutschland

---

[12] Vgl. (BMWi, et al., 2015)
[13] Vgl. (BMUB, 2014)
[14] Vgl. (BMWi, 2008)
[15] Vgl. (BMWi, 2009)

ausmachte (529 TWh).[16] Den höchsten Anteil am Stromverbrauch hatten dabei die Haushalte mit etwa 60 % und einem Verbrauch von 33 TWh (siehe Abbildung 2 und 3). Im Unternehmensbereich lag der Stromverbrauch mit 6,2 TWh und einem Anteil von 11,3 % vergleichsweise niedrig. Die Bereiche Mobilfunk und Kernnetze lagen in derselben Größenordnung wie der Verbrauch in Unternehmen mit zusammen 6,4 TWh und einem Anteil von 11,7 %. Wesentlich höher und damit bedeutender war der Stromverbrauch in Rechenzentren mit einem Anteil von 16,6 % und 9,1 TWh.[17]

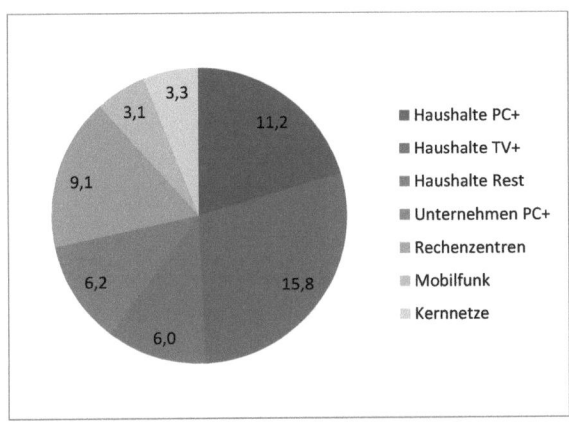

■	Haushalte PC+
■	Haushalte TV+
■	Haushalte Rest
■	Unternehmen PC+
■	Rechenzentren
■	Mobilfunk
■	Kernnetze

Quelle: Eigene Abbildung nach: (Statista, 2015)

Abbildung 2: Stromverbrauch der IKT nach Hauptanwendungen für 2007 in TWh

---

[16] Vgl. (IZM, et al., 2009), S. 13
[17] Vgl. (Statista, 2015)

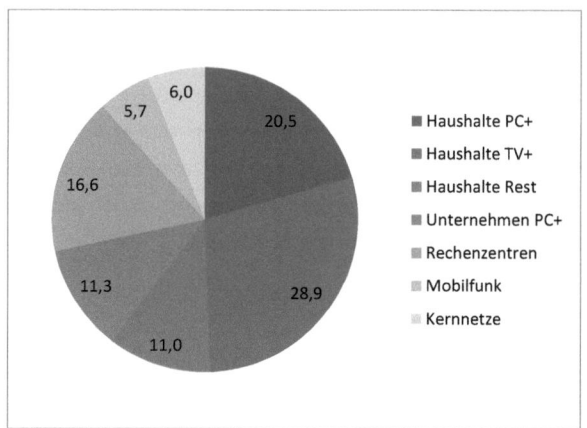

Quelle: Eigene Abbildung nach: (Statista, 2015)

Abbildung 3: Stromverbrauch der IKT nach Hauptanwendungen für 2007 in Prozent

Die Studie des IZM und ISI prognostiziert einen Anstieg des Stromverbrauchs für IKT von 2007 bis 2020 um 20 %. Damit läge der gesamte Stromverbrauch im Jahr 2020 bei ca. 66 TWh. Dabei verläuft das Wachstum in den einzelnen Bereichen unterschiedlich. So wird erwartet, dass der Bedarf an Strom in Haushalten und Rechenzentren weiter ansteigt. Dagegen bleibt der Strombedarf im Jahr 2020 in Unternehmen und in dem Bereich Mobilfunkt sowie Kernnetze etwa in gleicher Höhe wie im Referenzjahr 2007 (siehe Abbildung 4).[18]

---

[18] Vgl. (IZM, et al., 2009), S. 66

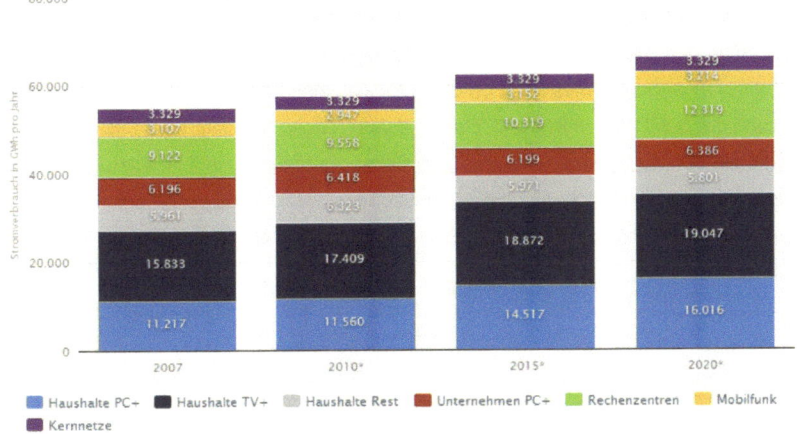

Quelle: (Statista, 2015)

Abbildung 4: Prognose des Stromverbrauchs nach Hauptanwendungen von 2007 bis 2020 in GWh

Die Institute erwarten dabei, dass der Strombedarf von Rechenzentren, trotz umgesetzter Effizienzmaßnahmen, weiter ansteigt und in 2020 bei 12,3 TWh liegen wird. Der höhere Stromverbrauch resultiert dabei aus einem Wachstum im Rechenzentrums-Bestand und einer Verschiebung des Marktes im Bereich der Server. Im Jahr 2007 lag der Serverbestand in Unternehmen bei 1,69 Mio. Da die Studie von einem durchschnittlichen Wachstum in Höhe von 3 % pro Jahr ausgeht, wird der Bestand bis zum Jahr 2020 auf 2,41 Mio. Servern ansteigen. Die Marktverschiebung resultiert aus Trends wie Virtualisierung bzw. Konsolidierung und der höheren Effizienzrate von großen Servern.[19]

3.1.2 Trends und Energieeinsparpotenziale in Rechenzentren

Neben den Frauenhofer-Instituten erwartet das Borderstep Institut für Innovation und Nachhaltigkeit ebenfalls zukünftig eine Erhöhung des Stromverbrauchs von Servern und Rechenzentren. In einer Studie für das Umweltbundesamt im Jahr 2010 hat das Borderstep Institut zwei Szenarien bis zum Jahr 2015 aufgestellt und diese 2012 nochmals aktualisiert. Die Ergebnisse zeigen, dass der ansteigende Stromverbrauch

---

[19] Vgl. (IZM, et al., 2009), S. 83 f.

aus der Vergangenheit mit einem Maximum von 10,1 TWh in 2008 gestoppt werden konnte. Ursprünglich wurde erwartet, dass der Stromverbrauch weiter stark steigt und eine Höhe von 14,2 TWh im Jahr 2015 erreicht (Szenario „Business as usual"). Die bisherige Entwicklung wies ab 2008 einen rückläufigen Trend auf, der bis 2015 anhalten und auf 9,3 TWh sinken soll. Das Szenario „Green IT" zeigt die Entwicklung, die erzielt werden kann, wenn moderne und ökonomisch sinnvolle Effizienztechnologien eingesetzt werden. Durch die möglichen Stromersparnisse soll der Stromverbrauch in 2015 bei 6 TWh und damit fast 3,3 TWh unter dem Wert des Trends liegen (siehe Abbildung 5).

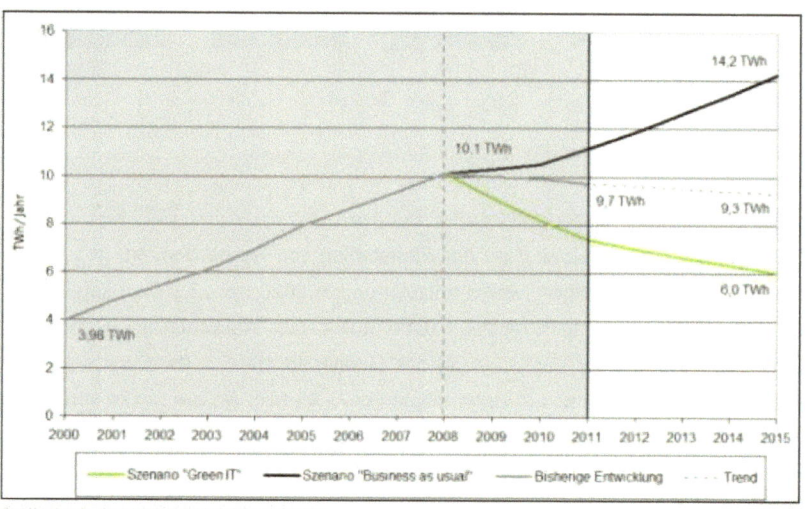

Quelle: Borderstep 2010 mit Aktualisierung 2012

Quelle: (Nachhaltigkeit, 2012)

Abbildung 5: Entwicklung und Szenarien des Stromverbrauchs von Servern und Rechenzentren in TWh

Die Reduzierung des Stromverbrauchs bringt neben der Energie- und CO_2-Ersparnis eine Senkung der Kosten mit sich. So liegen die Stromkosten im Jahr 2015 in dem Green-IT-Szenario mit 910 Mio. Euro wesentlich niedriger als im erwartenden Trend mit voraussichtlich 1.410 Mio. Euro (siehe Abbildung 6).

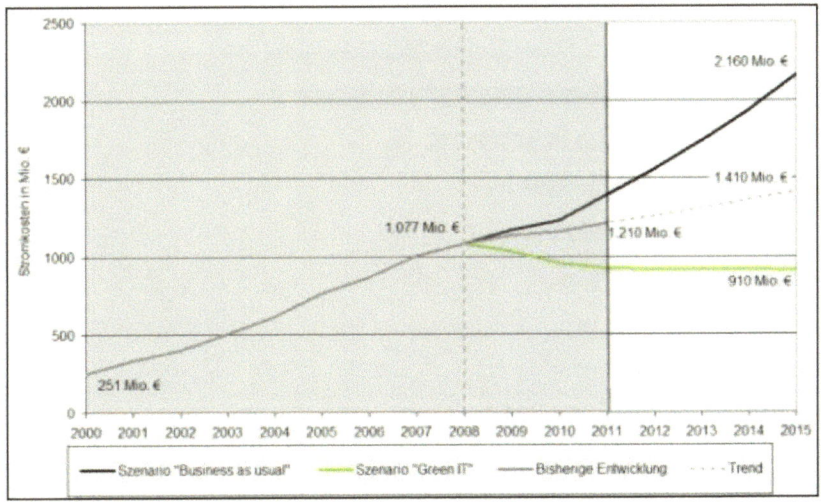

Quelle: (Nachhaltigkeit, 2012)

Abbildung 6: Entwicklung und Szenarien der Stromkosten von Servern und Rechenzentren in Euro

Damit lägen die Stromkosten im Jahr 2015 um eine halbe Mrd. über den Kosten des Green-IT-Szenarios.[20]

3.1.3 Komponenten im Rechenzentrum

Die Komponenten in einem Rechenzentrum verbrauchen unterschiedlich viel Strom und können in drei Hauptbereiche untergliedert werden. Die Kühlung und Klimatisierung weisen zusammen einen Anteil von 42 % aus und sind damit der größte Stromverbraucher. Der zweite Hauptverbraucher ist das IT-Equipment mit einem Anteil von 30 % und der dritte Bereich bildet die Stromversorgung (USV (Unterbrechungsfreie Stromversorgung), Stromverteiler, Schaltanlage/Generator) mit insgesamt 25 % (siehe Abbildung 7).

---

[20] Vgl. (Nachhaltigkeit, 2012), S. 2 f.

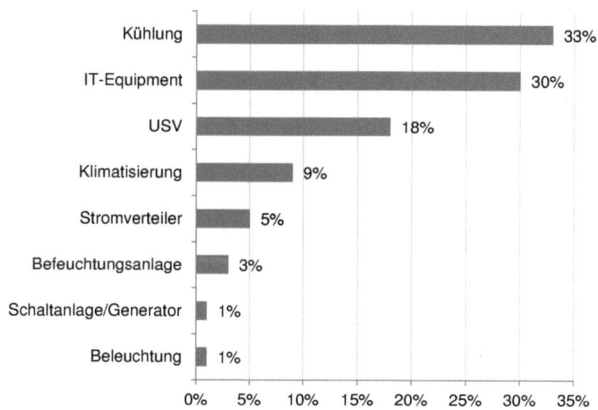

Quelle: Eigene Abbildung nach: (Informationstechnik, 2013), S. 28

Abbildung 7: Stromverbrauchsanteile der Komponenten in einem Rechenzentrum

Je nachdem wie das Rechenzentrum aufgebaut ist, bestehen unterschiedlich hohe Energieeinsparpotenziale, die durch Umsetzungsmaßnahmen erzielt werden können.[21]

3.2 OPTIMIERUNG DER KÜHLUNG

Da die Kühlung den größten Anteil mit 33 % am Stromverbrauch hat, bestehen hohe Optimierungspotenziale zur Energieeinsparung. Für die Abfuhr der warmen Luft, die durch die aktive Hardware produziert wird, wird die sog. Klima- und Kältetechnik genutzt. Die Klimatechnik übernimmt in Rechenzentren die Konfiguration der Lufttemperatur, Luftfeuchte und der Luftverteilung. Die Kältetechnik erzeugt dagegen die Kälte, um die Rechenzentren mit der kalten Luft zu kühlen. Nachfolgend werden zwei Maßnahmen beschrieben, die einen hohen Nutzen zur Energieeinsparung liefern können. Weiterhin werden weitere Maßnahmen vorgestellt, die umsetzbar sind, aber nur einen geringen Nutzen bringen.[22]

---

[21] Vgl. (Informationstechnik, 2013), S. 27 f.
[22] Vgl. (Informationstechnik, 2013), S. 48

3.2.1 Kühlungsverfahren

Es existieren verschiedene Kühlungsverfahren, die je nach Anforderung und Umgebungstemperatur ausgewählt werden können. Bei den sog. Kompressionskälteanlagen wird der Serverraum durch eine Anlage mit elektromotorischem Kompressor gekühlt. Dies kommt vor allem in konventionellen Rechenzentren vor. Durch die Reduzierung der Betriebszeit kann am einfachsten Energie gespart werden. Dabei ist es möglich das Kältemittel vorab zu kühlen, damit nicht mehr so viel Strom zur Temperaturabsenkung benötigt wird. Die Absorptionskälteanlagen arbeiten nach einem ähnlichen Prinzip, nur dass, anstelle der mechanischen Energiezufuhr, eine Zufuhr durch Wärmeenergie erfolgt. Zur Senkung des Energieverbrauchs kann zur Wärmezufuhr die Abwärme eines Blockheizkraftwerkes, Fernwärme oder Solarwärme genutzt werden.

Ein weiteres Verfahren zur Kühlung ist die sorptionsgestützte Klimatisierung, die die Luft mittels eines Wärmetauschers und durch Befeuchter kühlt. Hier werden hauptsächlich Ventilatoren und Rotoren eingesetzt, die durch Strom angetrieben werden. Allerdings muss auch die Temperatur im System erhöht werden, um die Luft zu entfeuchten. Um hier Energie zu sparen, können z.b. Fernwärme- oder Solaranlagen eingesetzt werden.

Werden sog. Adsorptionskälteanlagen zur Kühlung verwendet, müssen, wie bei den Absorptionskälteanlagen, energieeffiziente Wärmequellen für die Wärme im System genutzt werden. Die Absorptions- und Adsorptionskälteanlagen haben einen höheren Verbrauch an Energie als Kompressionskälteanlagen und damit einen schlechteren Wirkungsgrad. Jedes dieser Verfahren birgt eine schwierige Umsetzung in sich, allerdings ist der Nutzen hoch und sollte daher umgesetzt werden.[23]

3.2.2 Kühlgerätearten

In dem vorangegangenem Kapitel wurden verschiedene Verfahren zur Kälteerzeugung vorgestellt. Damit die Kälte in den Serverraum geleitet wird bzw. dem Serverraum die Wärme entzogen wird, werden Klimageräte eingesetzt. Im Allgemeinen können zwei Geräte unterschieden werden, die Präzisions- und die Komfort-Klimageräte. Bei den Präzisionsklimageräten existieren noch spezielle Formen, wie wassergekühlte Geräte,

---

[23] Vgl. (Informationstechnik, 2013), S. 48-56

Reihenkühlgeräte oder Sonderlösungen von Herstellern. Alle Kühlgeräte arbeiten dabei mit Kaltwasser oder einem Kältemittel.

Die Komfortklimageräte kommen hauptsächlich in kleinen Räumen zum Einsatz und sind daher nicht für Serverräume geeignet. Die Präzisionsklimageräte dagegen sind speziell für Serverräume entwickelt worden und erfüllen die hohen Anforderungen eines Rechenzentrums. So erfolgt die Einstellung der Luftfeuchtigkeit sowie –verteilung und der Raumtemperatur über Prozessoren. Zur Energieeinsparung ist die Dimensionierung des Wärmetauschers maßgebend, die zwischen der Luftmenge zum Wärmetauscher optimiert werden muss. Der sich ergebene Nutzen ist hoch und die Umsetzbarkeit liegt in einem mittleren Bereich.[24]

3.2.3 Weitere Möglichkeiten

Neben den beiden oben beschriebenen Möglichkeiten zur Kühlung, bestehen eine Reihe weiterer Varianten, die allerdings nur einen geringen bis mittleren Nutzen zur Energieeinsparung erzielen. So können z.b. durch Analysen des Luftstroms im Rechenzentrum Schwachstellen aufgedeckt und beseitigt werden. Weiterhin können Rechenzentren mit einer Flüssigkeit gekühlt werden, wie z.B. Wasser. Der Vorteil von Wasser, im Gegensatz zur Luft, liegt in dem besseren Wärmetransport. Weitere Möglichkeiten sind bspw. das Kühlsystem näher an die Server zu installieren, den Einsatz von Luftbefeuchtern oder die Anwendung einer sog. freien Kühlung, bei der die Wärme der aktiven Hardware ohne weiteren Energieeinsatz abgeführt wird.[25]

Bei der Optimierung der Kühlung handelt es sich generell um mittel- bis langfristige Investitionen im Unternehmen und kommt daher einer besonderen Bedeutung zu. Wie in diesem Kapitel aufgezeigt wurde, existieren verschiedene Ansatzpunkte, wie die Kühlung optimiert und dadurch der Energieverbrauch reduziert werden kann.[26]

3.3 OPTIMIERUNG DES IT-EQUIPMENTS

Da das IT-Equipment einen Anteil von 30 % an dem Stromverbrauch hat, können Verbesserungen der IT einen wichtigen Beitrag zur Senkung des Energieverbrauchs im

---

[24] Vgl. (Informationstechnik, 2013), S. 57 ff.
[25] Vgl. (Informationstechnik, 2013), S. 59 -81
[26] Vgl. (Hintemann, et al., 2010), S. 34

Rechenzentrum leisten. Einsparungen bei der Hardware haben dabei einen Doppeleffekt. Einerseits kann beim Stromverbrauch der IT direkt Energie gespart werden. Andererseits kann der Energiebedarf zur Kühlung gesenkt werden, da ein großer Wärmeteil durch die IT-Hardware erzeugt wird und das Kühlsystem diese Wärme abkühlen muss. Dies ist vor allem wichtig um den Betrieb der IT sicherzustellen.

Im Allgemeinen existieren zwei Möglichkeiten, um den Energieverbrauch in einem Rechenzentrum zu optimieren. Es kann Equipment genutzt werden, welches einen geringeren Energiebedarf hat oder es kann die Anzahl an Equipments gesenkt werden. Hierdurch erfolgt neben der Reduzierung des Energieverbrauchs auch eine Vermeidung von Kosten für die Hardware. Nachfolgend werden verschiedene Optimierungsansätze und dessen Einsparpotenziale dargestellt. Die tatsächlichen Einsparungen sind allerdings abhängig vom Aufbau des jeweiligen Rechenzentrums.[27]

3.3.1 Anwendungskonsolidierung

Durch einen Unternehmenswachstum und neuen Anwendungen werden häufig, zu den bestehenden Servern, weitere Server angeschafft. Dies führt zu einer nicht-vollständigen Auslastung vieler Server, höheren Netzwerkkosten sowie zu einer Senkung der Flexibilität und Zuverlässigkeit. Durch die Konsolidierung werden viele Anwendungen auf eine geringe Anzahl an Servern verteilt.[28] Die Server, die dann nicht mehr benötigt werden, werden entfernt und der Energieverbrauch dadurch reduziert. Des Weiteren können durch die Konsolidierung u.a. Lizenzkosten und Kosten für das IT-Equipment gesenkt werden. Die Umsetzbarkeit ist allerdings mit einem mittleren Aufwand hinsichtlich der Identifikation und Analyse der Serverauslastungen verbunden. Nach der Analysephase erfolgt die Migration von vielen auf wenige Server. Eine Konsolidierung sollte dennoch umgesetzt werden, da die Einsparungen in der IT, trotz des niedrigen Nutzens, einen doppelten Effekt haben.[29]

3.3.2 Virtualisierung von Servern

Die oben beschriebene Konsolidierung kann gute Ergebnisse liefern, wenn ähnliche Anwendungen auf einem physischen Server unter demselben Betriebssystem zu-

---

[27] Vgl. (Informationstechnik, 2013), S. 28
[28] Vgl. (Niemer, 2010), S. 57
[29] Vgl. (Informationstechnik, 2013), S. 29 f.

sammen geführt werden. Problematisch wird es, wenn sehr heterogene Anwendungen in der Serverlandschaft vorliegen. Heutzutage wird die Konsolidierung mittels Virtualisierung umgesetzt. Bei der Virtualisierung erfolgt eine Kapselung der Anwendungen mit dem Betriebssystem in eine sog. VM (Virtuellen Maschine) auf einem physischen Server (siehe Abbildung 8).

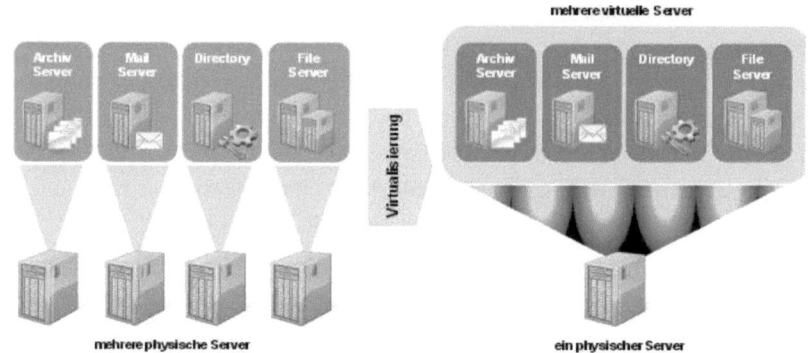

Quelle: (Informationstechnik, 2013), S. 31

Abbildung 8: Virtualisierung von Servern

Über eine Software, die ebenfalls auf einem Server liegt, werden mehrere VMs auf einem Server organisiert. Des Weiteren erfolgt für jede VM eine Konfiguration der vorhandenen Ressourcen, damit eine Überlastung vermieden wird.

Zum einen kann durch die Virtualisierung der Stromverbrauch gesenkt und zum anderen unnötige Wärmeerzeugung vermieden werden. Dadurch wird der Bedarf an Kühlung reduziert und durch den erhöhten Platz, kann die Kapazität des Rechenzentrums erhöht werden. In den häufigsten Fällen ist eine solche Virtualisierung in Rechenzentren möglich, da es nur einen kleinen Serveranteil gibt, der herstellerbedingt nicht virtualisert werden kann. Die Umsetzung ist komplex, da die Anforderungen der Hardware-Kühlung mit der höheren Leistungsdichte steigen. Des Weiteren besteht beim Betrieb mehrerer VMs auf einem physischen Server das Risiko, dass durch einen Serverausfall alle VMs direkt betroffen sind. Der Nutzen aus der Virtualisierung ist jedoch

16

hoch und bildet eines der wichtigsten Maßnahmen zur Energieeinsparung bei Servern.[30]

3.3.3 Weitere Möglichkeiten

Neben der Anwendungskonsolidierung und der Virtualisierung von Servern existieren weitere Möglichkeiten, um Energie in der IT zu sparen. Es kann z.B. die Energiesparfunktion des Servers eingeschaltet, energieeffizientere Prozessoren bzw. Netzteile eingesetzt oder Server mit Ventilatoren ausgestattet werden. Des Weiteren bestehen bei der Speicherung von Daten Energieeinsparpotenziale durch bspw. die effizientere Datenverwaltung, den Einsatz energieeffizienter Speichermedien oder die effizientere Konfiguration der Speichersysteme. Diese Maßnahmen können einfach umgesetzt werden, haben allerdings, nur einen geringen Nutzen hinsichtlich der Reduzierung des Energieverbrauchs.[31]

Die Umsetzungsmöglichkeiten zur Energiereduzierung in einem Rechenzentrum sind mit den hier aufgezeigten Maßnahmen nicht komplett abgedeckt. Es existieren weitere Stromverbraucher, die optimiert werden können, wie z.B. bei der Stromversorgung.[32]

---

[30] Vgl. (Informationstechnik, 2013), S. 30 ff.
[31] Vgl. (Informationstechnik, 2013), S. 32-46
[32] Vgl. (Häussler, 2009), S. 5

4 FAZIT

Der Begriff Green-IT ist im IT-Bereich heutzutage überall zu finden und zu einer Art Modewort für eine ressourcenschonende und energieeffiziente Nutzung von bzw. durch IT geworden. Eine Reduzierung des Energieverbrauchs im IT-Bereich ist vor allem notwendig, da der Anteil an den globalen Emissionen relativ hoch ist. Im IT-Sektor haben insbesondere die Rechenzentren einen hohen Energieverbrauch und bieten daher große Potenziale zur Energiereduzierung, vor allem im Bereich der Kühlung und des IT-Equipments.

Wie in den vorherigen Kapiteln aufgezeigt, können Maßnahmen wie die Konsolidierung und Virtualisierung einen wichtigen energetischen Nutzen im Bereich des IT-Equipments erzielen. Die Umsetzbarkeit ist ähnlich schwierig wie bei der Optimierung der Kühlung, welches ebenfalls hohe Energieeinsparungen erzielt. Für eine wirkungsvolle Green-IT-Umsetzung müssen allerdings alle Faktoren in einem Rechenzentrum betrachtet und mit den größten Stromfressern begonnen werden. Dafür ist es notwendig, dass sich das Bewusstsein für Green-IT vor allem in den Unternehmen weiter verbreitet, insbesondere da die Energieersparnisse auch große Kostenersparnisse mit sich bringen und dies für Unternehmen ein wichtiger Faktor darstellt. Durch Initiativen der Bundesregierung wurden in der Vergangenheit bereits erste Ziele erreicht, diese müssen aber weiter fortgeführt werden, um dem globalen Problem der CO_2-Emissionen entgegenzuwirken.

5 LITERATURVERZEICHNIS

AG, E-Company. 2010. Green-IT im Rechenzentrum. [Online] Januar 2010. [Zitat vom: 28. Januar 2015.] http://www.greenit-bb.de/assets/files/Green_IT_im_RZ.pdf.

BMUB. 2014. Green IT. [Online] Bundesministerium für Umwelt, Naturschutz, Bau und Reaktorsicherheit, 7. Mai 2014. [Zitat vom: 23. Januar 2015.] http://www.bmub.bund.de/themen/wirtschaft-produkte-ressourcen/produkte-und-umwelt/produktbereiche/green-it/.

BMWi. 2015b. Energieeffiziente IKT für Mittelstand, Verwaltung und Wohnen - IT2Green. [Online] Bundesministerium für Wirtschaft und Energie, 2015b. [Zitat vom: 31. Januar 2015.] http://www.bmwi.de/DE/Themen/Digitale-Welt/Green-IT/it-2-green.html.

BMWi. 2010. Green IT Allianz. [Online] November 2010. [Zitat vom: 23. Januar 2015.] http://www.bitkom.org/files/documents/BMWi_IT10_GreenIT_Potenzial_Realisierung_29_11.pdf.

BMWi. 2009. IKT-Strombedarf liegt in Deutschland bei über zehn Prozent. [Online] Bundesministerium für Wirtschaft und Energie, 3. Juli 2009. [Zitat vom: 26. Januar 2015.] http://www.bmwi.de/DE/Presse/pressemitteilungen,did=305664.html.

BMWi. 2008. Stromverbrauch von Informations- und Kommunikationstechnik in Deutschland. [Online] November 2008. [Zitat vom: 26. Januar 2015.] http://www.bmwi.de/Dateien/BMWi/PDF/IT-Gipfel/it-gipfel-stromverbrauch,property=pdf,bereich=bmwi2012,sprache=de,rwb=true.pdf.

BMWi und BITKOM. 2015. Aktionsplan Green-IT. [Online] Bundesministerium für Wirtschaft und Energie, 2015. [Zitat vom: 23. Januar 2015.] http://www.green-it-wegweiser.de/Green-IT/Navigation/Der-Weg-zu-Green-IT/initiativen,did=458208.html.

BMWi. 2015a. Was genau ist eigentlich Green-IT? [Online] Bundesministerium für Wirtschaft und Energie, 2015a. [Zitat vom: 21. Januar 2015.] http://www.green-it-wegweiser.de/Green-IT/Navigation/Basisinfos/was-ist-green-it.html.

19

Greiner, Wilhelm. 2010. Die grünende IT – Wie die Computerindustrie das. [Buchverf.] Frank Lampe. *Green-IT, Virtualisierung und Thin Clients.* Wiesbaden : Vieweg+Teubner , 2010, S. 3-16.

Häussler, Oliver. 2009. Den Stromfressern auf der Spur. [Online] 9. November 2009. [Zitat vom: 29. Januar 2015.] http://www.computerwoche.de/a/den-stromfressern-auf-der-spur,1909952,5.

Hintemann, Ralph und Skurk, Holger. 2010. Energieeffizienz im Rechenzentrum. [Buchverf.] Frank Lampe. *Green-IT, Virtualisierung und Thin Clients.* Wiesbaden : Vieweg+Teubner, 2010, S. 19-54.

Informationstechnik, Die Beauftragte der Bundesregierung für. 2013. Green-IT. [Online] 2013. [Zitat vom: 26. Januar 2015.] http://www.cio.bund.de/SharedDocs/Publikationen/DE/Innovative-Vorhaben/green-it_leitfaden_download.pdf?__blob=publicationFile.

IZM und ISI. 2009. Abschätzung des Energiebedarfs der weiteren Entwicklung der Informationsgesellschaft. [Online] März 2009. [Zitat vom: 26. Januar 2015.] http://www.bmwi.de/Dateien/BMWi/PDF/abschaetzung-des-energiebedarfs-der-weiteren-entwicklung-der-informationsgesellschaft,property=pdf,bereich=bmwi2012,sprache=de,rwb=true.pdf.

Lackes, Richard und Siepermann, Markus. Gabler Wirtschaftslexikon. *Stichwort: Green IT.* [Online] Springer Gabler Verlag. [Zitat vom: 20. Januar 2015.] http://wirtschaftslexikon.gabler.de/Archiv/1020511/green-it-v4.html.

Nachhaltigkeit, Borderstep Institut für Innovation und. 2012. Energieverbrauch und Energiekosten von Servern und Rechenzentren in Deutschland. [Online] Mai 2012. [Zitat vom: 26. Januar 2015.] http://www.bmwi.de/Dateien/Green-IT/PDF/energieverbrauch-und-energiekosten,property=pdf,bereich=green-it,sprache=de,rwb=true.pdf.

Niemer, Martin. 2010. Stromsparen durch Virtualisierung. [Buchverf.] Frank Lampe. *Green-IT, Virtualisierung und Thin Clients.* Wiesbaden : Vieweg+Teubner, 2010, S. 57-69.

OECD. 2010. Greener and Smarter. [Online] September 2010. [Zitat vom: 19. Januar 2015.] http://www.oecd.org/site/stitff/45983022.pdf.

Statista. 2015. Prognose des Stromverbrauchs durch IKT in Deutschland nach Hauptanwendungen von 2007 bis 2020. [Online] 2015. [Zitat vom: 26. Januar 2015.] http://de.statista.com/statistik/daten/studie/157866/umfrage/ikt-stromverbrauch-nach-hauptanwendungen-von-2007-bis-2020/.

Zarnekow, Rüdiger und Kolbe, Lutz. 2013. *Green IT.* Heidelberg : Springer Verlag, 2013. 978-3642361517.